BEI GRIN MACHT SICH IHR WISSEN BEZAHLT

- Wir veröffentlichen Ihre Hausarbeit,
  Bachelor- und Masterarbeit

- Ihr eigenes eBook und Buch -
  weltweit in allen wichtigen Shops

- Verdienen Sie an jedem Verkauf

Jetzt bei www.GRIN.com hochladen und kostenlos publizieren

Bibliografische Information der Deutschen Nationalbibliothek:

Die Deutsche Bibliothek verzeichnet diese Publikation in der Deutschen National-
bibliografie; detaillierte bibliografische Daten sind im Internet über http://dnb.d-
nb.de/ abrufbar.

Impressum:

Copyright © 2010 GRIN Verlag, Open Publishing GmbH
Druck und Bindung: Books on Demand GmbH, Norderstedt Germany
ISBN: 978-3-656-09133-2

Dieses Buch bei GRIN:

http://www.grin.com/de/e-book/184076/physikalische-untersuchung-des-freistosses-
im-fussball-anhand-einer-digitalen

Robert Urban

Physikalische Untersuchung des Freistoßes im Fußball anhand einer Digitalen Videoanalyse

GRIN Verlag

GRIN - Your knowledge has value

Der GRIN Verlag publiziert seit 1998 wissenschaftliche Arbeiten von Studenten, Hochschullehrern und anderen Akademikern als eBook und gedrucktes Buch. Die Verlagswebsite www.grin.com ist die ideale Plattform zur Veröffentlichung von Hausarbeiten, Abschlussarbeiten, wissenschaftlichen Aufsätzen, Dissertationen und Fachbüchern.

2009/2011

Physikalische Untersuchung des Freistoßes im Fußball anhand einer Digitalen Videoanalyse

Robert Urban

Röntgen-Gymnasium Würzburg

Facharbeit LK Sport

Inhaltsverzeichnis

1. Vorwort

„Es war eines der spektakulärsten Tore der Fußballgeschichte: [...] Zehn Meter neben dem Tor duckt sich ein Balljunge - doch er ist gar nicht in Gefahr. Der Ball schwenkt im letzten Moment scharf nach links, fliegt vorbei am französischen Torwart Fabien Barthez ins Netz."[1]

Am 3. Juni 1997 legte sich Roberto Carlos in der 27. Minute im Länderspiel Brasilien gegen Frankreich den Ball in 35 Meter Entfernung zum gegnerischen Tor zurecht, um einen der berühmtesten Freistöße der Fußballgeschichte auszuführen. Allein der ungewöhnlich lange Anlauf, sowie die Fußhaltung des Linksverteidigers von Real Madrid zeigten untypische Züge der konventionellen Torschusstechnik. Der Ball flog scheinbar aussichtslos zu weit neben das Tor, so dass sich bereits einer der Balljungen in Sicherheit begab. Doch die Ballflugbahn änderte sich überraschenderweise und schlug neben dem verdutzten französischen Torwart ein, welcher nicht zu reagieren vermochte.

Freistöße, die platziert mit Effet geschossen werden, spielten schon vor Roberto Carlos Meisterschuss eine enorme Rolle: 70,9%[2] der direkten Freistöße sind keine „Gewaltschüsse". Sie werden um die gegnerische Abwehrmauer „gezirkelt". Spieler, wie David Beckham oder Michel Platini, sind für ihre technischen Fähigkeiten und diese Art der Kunstschüsse bekannt. Dabei ist nicht nur die Ästhetik solcher sportlichen Leistungen zu beachten, sondern auch die hohe Torquote: „Nach einer Untersuchung von 5000 Toren im höheren Leistungsbereich fielen alleine 1405 aus einer Standardsituation heraus."[3]

Allerdings zeigen diese Standardsituationen im Gegensatz zum Kunstschuss von Roberto Carlos eine gleichmäßig gekrümmte Kreisbahn auf und sind somit leicht berechenbar. Die außergewöhnliche Flugbahn des Freistoßes aus dem Länderspiel Brasilien gegen Frankreich weckte seit diesem Tag das Interesse von Mathematikern

---

[1] Irene Berres; Forscher lüften Geheimnis des Wundertors (Fußball); veröffentlicht am 06.09.2010 bei Spiegel Online; http://www.spiegel.de/wissenschaft/mensch/0,1518,715238,00.html; Zugriff am 04.11.2010
[2] Roland Loy; Taktik und Analyse im Fußball Band 1; Seite 436, Abb. 3.26; Czwalina Verlag Band; 2006
[3] Roland Loy; Mit Standardsituationen zum Erfolg: der Freistoß; veröffentlicht in: Fußball Training; Jahrgang 1997; Ausgabe 9; Seite 14; Herausgeber: Gero Bilanz

und Physikern, die aerodynamische und mechanische Begebenheiten aus der Physik auf den Fußballsport übertragen.

An dem allgemeinen Interesse für Sportphysik anlehnend, stellt die vorliegende Arbeit eine mathematisch physikalische Untersuchung von Freistößen mit Hilfe einer digitalen Videoanalyse dar. Im praktischen Teil soll ein Schuss mit möglichst wenig Effet mit einem „gezirkelten" Freistoß verglichen werden und dabei Rückschlüsse auf physikalische Zusammenhänge der Ballflugbahn gezogen werden. Doch zuerst wird ein Augenmerk auf die technische Ausführung gerichtet.

Herzlicher Dank gilt an dieser Stelle Gerhard Rumpel, Benedikt Lohse und der restlichen Abteilung des Post SV Sieboldshöhe Würzburg, die Rasenplatz und Materialien zur Verfügung stellten. Ebenso gilt der Dank Frau Sabine Blum Pfingstl für das Bereitstellen der hochauflösenden Kameras und den Schützen der Aktiven des Post SV Sieboldshöhe.

2. Die Technik des Freistoßes

2.1. Technische Grundvoraussetzungen[4]

Um den komplexen biomechanischen Ablauf eines Freistoßes nachvollziehen zu können, muss die angewandte Technik des Sportlers betrachtet werden. Um eine Standardsituation erfolgreich abzuschließen, werden technische Grundvoraussetzungen des Schützen benötigt: Zielgenauigkeit (Präzision), Timing, Ballgefühl (Feinmotorik), Schusskraft und Effettechnik.

Die Einzeltechniken sollten schon im Kindes- und Jugendalter systematisch erlernt und in den einzelnen Jahrgangsstufen automatisiert werden. Die feine Individualtechnik, die die Klasse von Freistoßschützen bewirkt, muss hingegen im Einzeltraining gesondert von der restlichen Mannschaft trainiert werden, da solche Übungseinheiten zeitintensiv sind und nicht zwingend für die breite Masse der Spieler gedacht ist. Diese Meinung teilt auch Roberto Carlos in einem Interview: „Nach dem Training kann es [gemeint ist das Kind] sich aber durchaus 5 oder 10 Minuten Zeit nehmen, um Freistöße ein bisschen zu üben. (…) Es geht dabei weniger um die Stärke als um die Flugbahn des Balls"[5]

Damit solche Technikkünstler den Ball mit Effet um die Mauer drehen können, muss eine Ballstoßart verwendet werden, die ausreichend Übung und Ballgefühl verlangt: der Innenspannstoß.

2.2. Innenspannstoß[6]

Der Anlauf beim Innenspannstoß erfolgt bogenförmig in Richtung des Balls, wobei das Standbein in Sprung-, Knie- und Hüftgelenk federnd gebeugt wird. Das Standbein wird leicht schräg hinter den Ball gesetzt. In der Auftaktphase schwingt das Schwungbein

---

[4] Vgl.: Gerhard Frank; Technische Voraussetzungen; in Fußball Standardsituationen in Training & Spiel; Seite 29ff; Meyer & Meyer Verlag; 2001, Aachen
[5] Video: UEFA Training Ground; Freistoß-Tipps von Roberto Carlos; 03:50 – 04:19; http://de.uefa.com/trainingground/stars/starskills/video/videoid=1467276.html?autoplay=true; Zugriff am 28.11.2010 (DVD-Rom)
[6] Vgl.: Gerhard Bauer; Technik und Techniktraining; veröffentlich in Lehrbuch Fußball – Erfolgreiches Training von Technik, Taktik und Kondition; Seite 52; BLV Verlag

nach hinten und in der Hauptphase kräftig vorwärts gegen den Ball (Abb. 1). Während der ganzen Bewegungsausführung bleibt das Bein im Hüftgelenk und im Sprunggelenk nach außen rotiert um die Trefffläche auf die Innenkannte des Fußristes zu beschränken. Die Trefffläche ist die Innenseite des Mittelfußes von der Zehenwurzel bis zur Vorderseite des Knöchels. Des Weiteren sollte man versuchen, das Bein beim und nach dem direkten Auftreffen um den ruhenden Ball zu drehen. In der Ausklangphase schwingt das Bein sichelförmig vor dem Standbein nach oben aus. Eine Anhebung des gebeugten Kniegelenks unterstützt die Bewegung (Abb. 2). Der Oberkörper bleibt während der gesamten Bewegungsausführung leicht nach hinten gebeugt über dem Standbein, wobei die Arme zur Gleichgewichtserhaltung entgegen der Anfangsrichtung schwingen.

Abb. 1 und 2: Anfangs- und Endphase des Freistoßes mit Technikschwerpunkten

2.3. Balltreffpunkt

Für eine optimale Effettechnik ist der Balltreffpunkt von entscheidender Bedeutung, da er dem fliegenden Ball einen Drall verleiht. Wie später ersichtlich wird, kann nur durch das „Anschneiden" des Fußballs eine seitlich gekrümmte Flugbahn erreicht werden. Der frontal-zentrale Treffpunkt würde eine gerade Flugbahn mit maximaler Fluggeschwindigkeit verursachen. Diese Technik wird bei sogenannten „Gewaltschüssen" verwendet. Die Betrachtung der gekrümmten Flugbahn verlangt einen Treffpunkt seitlich des Ballmittelpunktes, der den gewünschten Drall erzeugt. Dabei gilt: je weiter außen der Schuss erfolgt, desto größer ist die Rotationsfrequenz und desto kleiner die Geschwindigkeit. In selber Weise gilt der Sachverhalt auch umgekehrt. Da das Verhältnis von Geschwindigkeit und Drall besondere Bedeutung für das Verhalten der Flugbahn hat, muss ein guter Schütze ein ausreichendes Gefühl für den Treffpunkt entwickeln. Das Ziel ist eine Maximierung von Härte und Drall, die bei unterschiedlichen Torentfernungen variiert werden muss: kurze Distanzen können mit deutlich höherem Effet geschossen werden. Eine Konstanz, Sicherheit und Individualtechnik der automatisierten Bewegungsausführung kann nur durch ausreichendes Training über Jahre hinweg erreicht werden.

Jedoch lässt sich der optimale Balltreffpunkt mathematisch ausdrücken. Um einen optimalen Ausgleich zwischen größtmöglicher Krümmung und Fluggeschwindigkeit zu erhalten, muss der Ball etwa 70% vom Mittelpunkt entfernt getroffen werden (siehe Abb. 3b). Genau an diesem Punkt ist die Rotation bei gleichbleibender Geschwindigkeit maximiert. [7]

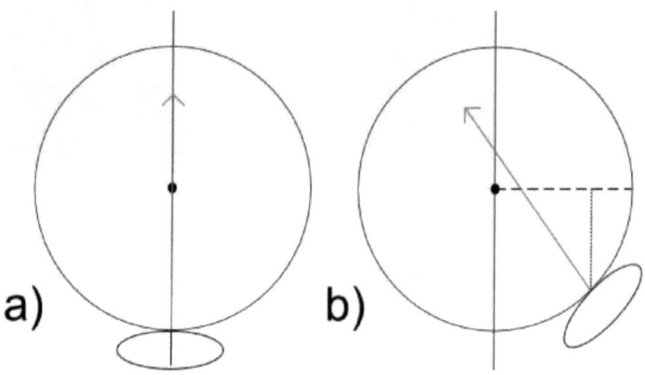

Abb. 3: Darstellung des Balltreffpunktes (a) zentrisch und (b) exzentrisch (optimal mit 70% Abstand zum Schwerpunkt)

---

[7] Vgl. Metin Tolan; So werden wir Weltmeister – Die Physik des Fußballspiels; Seite 230; Piper Verlag GmbH München 2010

Es lässt sich feststellen, dass bei einem Gewaltschuss der Ball zentrisch und ein platzierter Schuss exzentrisch getroffen werden muss. Wirkt die beim Kontakt entstehende Kraft in Richtung des Schwerpunktes, ist dieser Stoßvorgang zentral und bewirkt eine geradlinige Beschleunigung (siehe Abb. 3a). Um Drehbeschleunigung und somit eine Rotationsänderung zu erhalten, muss die Kraft exzentrisch ansetzten (Abb. 3b). Wie bereits erwähnt, sollte sich der impulsübertragende Fuß, der durch die Ellipse symbolisiert wird, um den Ball „schmiegen". Rotation kann nur durch Reibung übertragen werden, die bei Kontakt zwischen Fuß und Ball entsteht. Wird dieser Zeitraum optimal groß gehalten, kann ein verstärkter Drall entstehen. Besondere Bedeutung wird hierbei dem Schuhoberflächenmaterial verliehen, dessen raues Material die Haftung beeinflusst. So experimentiert und testet beispielsweise die Firma Adidas in Scheinfeld neue Materialien wie Haifischhaut mit einer speziell angefertigten Schussmaschine.[8]

[8] Thomas de Padova; Mit Effet; veröffentlicht in tagesspiegel.de;
http://www.tagesspiegel.de/weltspiegel/gesundheit/mit-effet/717384.html; Zugriff am 15.12.2010

3. Praktischer Teil

3.1. Versuchsaufbau

Zu Beginn des praktischen Arbeitsteiles wird eine Versuchsskizze zur Verdeutlichung erstellt. Dabei werden alle benötigten Parameter im Voraus bedacht und einberechnet. Die Entfernungen stimmen im Verhältnis zueinander überein.

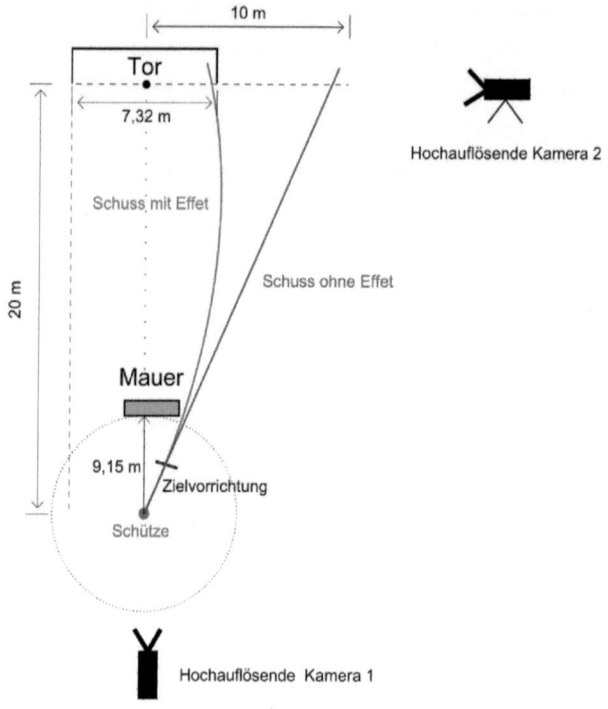

Abb. 4: Qualitative Skizze des Versuchsaufbaus

Der Ball wird vom Schützen aus 20 Meter Entfernung direkt geschossen und auf Höhe des Tormittelpunktes gelegt. Der genaue Abschusspunkt des Freistoßes wird im Rasen markiert, damit der Ball bei jeder einzelnen Ausführung den selben Ausgangspunkt hat. Ein aus Markierungen aufgebautes Koordinatensystem erleichtert das Abmessen verschiedener Strecken und soll bei späterer Analyse bedeutende Hilfestellung geben. Hierbei werden vom linken Torpfosten aus im rechten Winkel 20 Meter nach hinten und vom Tormittelpunkt aus 10 Meter nach rechts mit einem Maßband abgetragen. Genauer gesehen betragen die Abstände zwischen den Pylonen untereinander einen Meter. Die Maße des Tores sind offiziell festgelegt: „Der Abstand zwischen den Innenkanten der Pfosten beträgt 7,32 m. Die Unterkante der Torlatte ist 2,44 m vom Boden entfernt."[9] Auch die Abwehrmauer, die aus Plastikdummies besteht, wird nach den offiziellen Abstand 9,15 Meter so aufgestellt, dass ein direkter geradliniger Schuss nicht das Tor treffen kann. Weiterhin werden die zur Videoanalyse benötigten Kameras aufgestellt: Kamera 1 (später HD-Cam 1) direkt hinter dem Schützen und Kamera 2 (später HD-Cam 2) seitlich des Versuchsaufbaus auf Höhe der Torgrundlinie. Dies erlaubt die Aufzeichnung der Ballflugkurven aus zwei unterschiedlichen Blickwinkeln. Besondere Bedeutung hat Kamera 2 auf Höhe der Torgrundlinie, da diese den Moment erfasst, indem der Fußball die Torlinie überquert. Wichtig ist weiterhin das Aufstellen der Zielvorrichtung in fünf Metern Entfernung vom Abschusspunkt, da sie eine Normierung der Schüsse gewährleistet soll. Der richtige Standpunkt wurde durch Ausprobieren gefunden und ist optimal für die zu betrachtende Flugkurve.

Abb. 5: Fotografische Aufnahme des Versuchs

---

[9] Bayerischer Fußballverband; Regel 1 – Das Spielfeld veröffentlicht in Fußballregeln in der Praxis - Ein Handbuch für Schiedsrichter und Funktionäre Teil 1; Seite. 2; 16. Auflage; Juli 2001

3.2. Versuchsvorbereitung

Vor der direkten Ausführung werden zusätzliche Vorkehrungen getroffen. Dabei werden drei identische Fußbälle wie folgt präpariert: Sie werden zur Hälfte mit Zeitungspapier abgedeckt und eine Seite mit einem wasserfesten Lack besprüht. So ergibt sich die weiße Färbung der einen Ballseite (siehe Abb. 5), die bei späterer Betrachtung der Rotation von Bedeutung sein wird. Nach dem Vergleich der Gewichte des normalen und lackierten Balls zeigt sich keine gravierende Differenz, die das Flugverhalten beeinträchtigen könnte. Weiterhin ist das Erstellen der Zielvorrichtung zu beachten. Zwei Stangen aus der handelsüblichen Trainingsausstattung werden mit einem Ring stabil verbunden. Um eine Normierung der Schüsse zu gewährleisten, wird der genaue Standort der Zielvorrichtung und somit des Ringes beim Aufstellen einerseits auf den Haltestangen und andererseits auf dem Rasen markiert. Somit kann im Fall einer Deplatzierung der Halterung oder des Ringes ein präziser Wiederaufbau stattfinden. Im Versuchsverlauf zeigt sich die Notwendigkeit dieser Markierung, da das Ziel häufig „umgeschossen" wird. Zusätzlich werden den Kameras passende Standplätze zugeteilt und der optimale optische Winkel sowie Ausschnitt justiert, um die Verzerrung der Länge in Realität und Bild auf der Videoaufnahme zu minimieren.

3.3. Normierung und Voraussetzungen

Zuerst müssen Bestimmungen getroffen werden, die einen qualitativen Vergleich der unterschiedlichen Ausprägungen des Flugverhaltens erst ermöglichen. Die Bälle sind identisch in Gewicht, Oberflächenfärbung und Luftinnendruck. Zusätzlich wird eine möglichst gleichbleibende Schussstärke vom Schützen gefordert, die eine nahezu konstante Fluggeschwindigkeit für alle Testfreitstöße gewährleisten kann. Geringe Abweichungen können dabei nicht ausgeschlossen werden. Der Abschusspunkt ist, wie in der Versuchsskizze (Abb. 4), markiert und bleibt unverändert erhalten. Der Ball wird genau auf die Linie des Farbwechsels gelegt, so dass eine rote und weiße Hälfte in Richtung Kamera zeigen (Abb. 5). Zusätzlich normiert die Zielvorrichtung die Abschusswinkel: seitliche Abweichung und Schusshöhe sind bei beiden Freistößen identisch.

Die zahlreichen Bedingungen führen dazu, dass die abgegebenen Schüsse gleiche Voraussetzungen haben: Abschusswinkel, Torentfernung und Flugrichtung stimmen überein. Abweichungen und Veränderungen, die sich im weiteren Verlauf des Versuchs ergeben sollten, sind somit auf andere Ursachen zurückzuführen und zu untersuchen.

3.4. Versuchsdurchführung

Der Versuch wurde an zwei Tagen durchgeführt, wobei an beiden Tagen zwei Spieler der Aktiven des Post SV Sieboldshöhe zur Verfügung standen. Die Anweisungen an die Freistoßschützen sind nach den normierten Voraussetzungen klar: Der Freistoß muss durch den Ring der Zielvorrichtung mit möglichst gleicher Fluggeschwindigkeit geschossen werden. Zuerst soll der Ball mit Effet in die rechte obere Torecke (Lattenkreuz) platziert werden. Dazu muss sich die Flugkurve um die Abwehrmauer drehen, wodurch eine idealtypische Flugkurve entstehen soll, die einen optimalen angedrehten Schuss erlaubt. Der zweite Teil der Aufgabe besteht darin, einen Freistoß durch den Ring mit einer möglichst geringen (im optimal Fall keiner) Rotation zu schießen. Die beiden Kameras werden fixiert und bleiben bei allen Aufnahmen in Winkel und Position unverändert. Um die Simultanität der beiden Aufnahmen zu gewährleisten, wird die Aufnahme zeitgleich durch zwei Personen gestartet. Daraufhin geben die Schützen nacheinander ihre Schüsse ab, bringen die verschossenen Bälle zur Ausgangsposition zurück und stellen gegebenenfalls die Zielvorrichtung erneut auf. Nach ausreichend hoher Erfolgsquote werden die Aufnahmen angehalten und grob begutachtet. Dem hinzuzufügen sei der Umstand, dass viele Freistöße benötigt wurden, da das Treffen eines fünf Meter entfernten Ringes trotz der technischen Fertigkeiten schwierig ist. In den ersten Versuchen fiel die Trefferquote und die Erfüllung der Zielvorgaben eher niedrig aus, steigerte sich jedoch im Verlauf des weiteren Vorgehens. Nachdem auf dem bereitstehenden Notebook, die Aufnahme auf Qualität und ergebnisliefernde Bilder überprüft wurden, konnte der Versuch beendet werden. Schließlich werden nur Sequenzen des zweiten Tages verwendet, da die ersten Aufnahmen ein Mangel an optischer Kalibrierung aufzeigten.

4. Digitale Videoanalyse

4.1. Aufnahmen mit hochauflösenden Kameras

Die beiden hochauflösenden Kameras werden auf Stativen an den oben genannten Stellen platziert (Abb. 4). Der Bildausschnitt der HD-Cam 1 wird auf den Schützen und die Flugbahn ausgelegt und minimiert. HD-Cam 2 zeichnet dagegen seitlich die Flugbahn sowie den kompletten Versuchsaufbau auf. Dadurch entstehen zwei Ansichten des Freistoßes: die Rückansicht und die Seitenansicht. Durch die kontinuierliche Aufnahme entsteht so Videomaterial von über 40 Minuten Länge je Perspektive, die bei späterer Auswertung aufeinander abgestimmt werden müssen. Die beiden identischen Kameras von Panasonic hatten eine Bildfrequenz von 25 Bildern/Sekunde, die für eine qualitative Auswertung der Freistöße hinsichtlich Rotationsanzahl und Geschwindigkeitsbestimmung ausreicht.

4.2. Vorgang der Videoanalyse am PC

Das Vorgehen am PC basiert auf folgender Software: Adobe Premiere Pro CS 5, PHYWE measure Dynamics und Viana.

4.2.1. Auswahl des Videomaterials

Das vorliegende Videomaterial soll auf zwei bestimmte optimale Freistöße gekürzt werden. Dazu wird zuerst die gesamte Aufnahme quantitativ nach den beiden aussagekräftigsten Versuchen durchsucht. Das professionelle Videoschnittprogram Adobe Premiere Pro CS 5 erlaubt nach kurzer Einarbeitungszeit einen einfachen und genauen Schnitt des Gesamtmaterials. Es unterscheidet sich durch eine übersichtliche Oberfläche und leistungsstarken Werkzeugen von anderer Software. Beim Schneiden ist darauf zu achten, dass die jeweils korrespondierenden Filmpaare (Rückansicht und Seitansicht) zum gleichen Zeitpunkt beginnen, um die spätere Analyse zu erleichtern. Somit wird der Zeitpunkt der Impulsübertragung von Fuß und Ball als zeitlicher Nullpunkt und somit als Beginn der Aufnahme gesetzt. Die Funktion, einzelne Bilder

(Frames) weiter zu springen, ermöglicht hierbei das Erreichen punktueller Genauigkeit der zusammenhängenden Ausschnitte.

Abb. 6: Schneiden des Filmmaterials mit gleichzeitigem zeitlichem Nullpunkt der Ausschnitte (Adobe Premiere Pro CS 5)

Aus der Kürzung des Filmmaterials ergibt sich folgendes Resultat: Es liegen vier kurze Filmsequenzen vor, die zwei korrespondierende Paare bilden. Die beiden Freistöße mit und ohne Effet haben jeweils eine Rück- und Seitenansicht.

4.2.2. Feststellen des Messwerte

Die beiden unterschiedlichen Freistöße (bestehend aus den vier Videosequenzen) werden hinsichtlich folgender Messwerte qualitativ untersucht: Entfernung des Balls vom Tormittelpunkt zum Zeitpunkt der Grundlinienüberquerung, Fluggeschwindigkeit des Balls, Rotationfrequenz und Abschusswinkel. Sie dienen anschließend dazu das Flugverhalten zu beschreiben.

4.2.2.1. Entfernung vom Tormittelpunkt

Betrachtet man den Zeitpunkt, zudem der Ball die Torgrundlinie überschreitet, kann man die Entfernung vom Tormittelpunkt bestimmen. Diese gibt den Unterschied der beiden Schüsse hinsichtlich ihrer Tornähe wieder und zeigt dadurch, dass der Freistoß mit Effet das Tor trifft und dazu parallel der geradlinige Schuss dieses verfehlt. Aus dieser Längenmessung lässt sich die Differenz der beiden Entfernungen berechnen und somit die Ablenkung nummerisch darstellen.

Die beiden Sequenzen des jeweilig betrachteten Freistoßes werden in PHYWE measure Dynamics geladen. Durch die vorherige Gleichsetzung des zeitlichen Nullpunktes genau bei der Ballberührung des Fußes, lässt sich jetzt die Aufnahme aus der Seitenansicht der HD-Cam 2 bis zu dem Zeitpunkt vorspulen, bei dem der Ball auf Höhe der Torgrundlinie ist. Da das Programm ein Vorspulen von einzelnen Frames (Bildern) erlaubt, kann die Zahl der Bilder abgelesen und auf die Rückansicht der HD-Cam 1 übertragen werden. So werden die Zeitpunkte synchronisiert. Bei dem somit entstandenen Bild (Bild: 61/73) lässt sich durch ein Lot auf die Grundlinie die Entfernung zum Tormittelpunkt ausdrücken (Abb. 7). Die Distanz zwischen den einzelnen Markierungen (orange) des Koordinatensystems mit dem Tormittelpunkt als Ursprung beträgt einen Meter. Das identische Verfahren wird auch auf den Schuss ohne Rotation angewendet (Abb. 8).

Abb. 7: Messen des Abstandes zum Tormittelpunkt bei der Ballflugbahn mit Effet

Abb. 8: Messen des Abstandes zum Tormittelpunkt bei der Ballflugbahn ohne Effet

Die Längen werden anhand des aufgebauten Koordinatensystems der Grundlinie abgelesen. Der platzierte Freistoß überquert die Torlinie bei 3,2 Meter (innerhalb der Tores) und der rotationslose Gewaltschuss bei 5,0 Meter.

4.2.2.2. Bestimmung der Geschwindigkeit

Um einerseits einen Vergleich zu ermöglichen und andererseits die Voraussetzungen zu bestätigen, wird die Durchschnittsgeschwindigkeit der Ballflugkurve errechnet. Zur Bestimmung wird, nach der physikalischen Formel Geschwindigkeit v ist Weg s durch Zeit t ($V = s/t$), eine Strecke und die dafür benötigte Zeit verwendet. Für die Strecke s wird der Wert 20 Meter angenommen, der die Bahn zwischen Abschusspunkt und Grundlinie kennzeichnet. Es ist anzumerken, dass die seitliche Winkelabweichung die reale Ballfluglänge etwas erhöht, diese aber aufgrund von Messungenauigkeiten qualitativ keine entscheidende Rolle spielt. Die Zeit t wird aus der Seitenansicht der HD-Cam 2 in der Software PHYWE measure Dynamics dazu entsprechend für den jeweiligen Freistoß abgelesen. Da der Zeitnullpunkt dem Balltreffpunkt entspricht, ist dieses Vorgehen sinnvoll. Es ergeben sich folgende Zeitwerte: 0,954 Sekunden (Gewaltschuss) und 0,960 Sekunden (platzierter Schuss). Somit ergibt sich eine

Durchschnittsgeschwindigkeit von ungefähr 21 m/s (76 km/h) beim Gewaltschuss und 20 m/s (72km/h) beim platzierten Schuss nach der physikalischen Formel. Die minimale Abweichung ist hierbei von unbedeutendem Einfluss und verdeutlicht die Übereinstimmung.

4.2.2.3. Ballrotation

Um die Umdrehungen des Balls um die eigene Achse pro Sekunde zu erlangen, wird erneut vom Zeitnullpunkt der Sequenzen ausgegangen. Zu diesem Zeitpunkt ist genau eine farbige Seite des Balls zu erkennen. Nun wird die Sequenz der HD-Cam 1 aus der Rückansicht genau eine Sekunde lang mit der Schrittweite von einem Frame durchgegangen und die Zeitpunkte markiert, bei denen erneut nur genau die Seite des Balls sichtbar ist. So können die benötigten Umdrehungen abgezählt werden.

Abb. 9: Stroboskopbild der Rotationsfrequenz des platzierten Freistoßes

Das Stroboskopbild zeigt die vollständigen Umdrehungen des Balls während seiner Flugbahn (Abstand zwei bis vier Frames) innerhalb einer Sekunde bei der rotierenden Flugbahn. Auffällig dabei ist: je länger der Ball in der Luft ist, desto langsamer dreht er sich. Beispielsweise benötigt der Ball für die erste Umdrehung nur zwei, für die letzte bereits vier Frames. Es lässt sich erkennen, dass der Ball sich genau neun und ein halb mal um die Körperachse dreht. Gegensätzlich zeigt sich beim unplatzierten Freistoß keine seitliche Rotation. Lediglich ein leichter Rückwärtsdrall lässt sich feststellen, der durch die minimale Berührung der Ringunterkannte entsteht.

4.2.2.4. Videoanalytische Bestimmung der Abschusswinkel

Ein weiterer Messwert ergibt sich durch die Bestimmung der Abschusswinkel der beiden Freistöße. Dabei soll zwischen seitlichem Ausbreitungswinkel, der aus der Rückansicht bestimmt wird, und dem Höhenwinkel unterschieden werden. Letzter wird aus Sicht der HD-Cam 1 erfasst. Der Scheitel aller Winkel entspricht dem Ballabschusspunkt. Zusätzlich ergibt sich der Punkt für die Schenkelbestimmung zu dem Zeitpunkt, in der der Ball die Zielvorrichtung passiert. Die Bedeutung der Winkelmessungen soll in der Auswertung genauer erläutert werden.

a) Seitlicher Ausbreitungswinkel

Dieser Winkel bezeichnet aus dem Sichtpunkt der Kamera (HD-Cam 2) die seitliche Abweichung zur Vertikalen. Bedeutungsvoll zeigt sich dieser Wert, da der Winkel beim platzierten Schuss der späteren Flugbahn nur durch die Rotation verändert wird. Somit wirkt der Vergleich mit dem Winkel der Grundlinienüberschreitung als Indikator für die Ablenkung. Zur Bestimmung des Winkels wird das Programm PHYWE measure Dynamics geöffnet und nacheinander beide Rückansichten geladen. Unter der Rubrik „Messen" findet sich das Werkzeug zur Winkelmessung. Auf der Aufnahmeoberfläche erscheinen drei Punkte: der Scheitel und zwei Punkte, die durch Halbgeraden verbunden die beiden Schenkel darstellen. Sie lassen sich beliebig verschieben und führen nach dem Festlegen zu einer automatischen Anzeige des einschließenden Winkelwertes. Der Scheitel wird im Moment der Impulsübertragung genau auf den Ball gelegt. Daraufhin kann die Software zu folgenden Frames springen, ohne dass sich die Koordinaten der Punkte verändern. Der eine Schenkel ist genau im Lot zur Torgrundlinie und steht somit als Vertikale unveränderbar fest. Im Gegensatz dazu wird der zweite Schenkel so bestimmt, dass der Zeitpunkt der Durchquerung der

Zielvorrichtung den Verbindungspunkt der Halbgeraden mit dem Scheitel bestimmt. Die Verbindung von Scheitel und dem bestimmten Punkt ergibt den zweiten Schenkel. Analytisch lassen sich folgende Werte messen: 41,25° für den platzierten Schuss und 43,59° für den Gewaltschuss. Ersichtlich wird die Ähnlichkeit der beiden Werte, die aufgrund der Normierung der Abschussbedingungen stimmen müssen. Auffällig jedoch ist, dass man bei Fortführung der Bilderreihe der Winkel des Gewaltschusses sich im Gegensatz zum Schuss mit Effet nicht verändert.

Abb. 10 und 11: Seitlicher Ausbreitungswinkel der verglichenen Freistöße

b) Höhenwinkel

Der Höhenwinkel bezeichnet aus der Seitansicht der HD-Cam 1 die Abweichung gegen die Horizontale (Boden) durch den Abschusspunkt des Balls. Messtechnisch gleicht das Verfahren der obigen Beschreibung. Der Gewaltschuss weicht 20,48° von der Horizontalen ab und ähnelt somit dem platzierten Schuss mit 21,68°. Ungenauigkeiten bei der Messung vernachlässigend, erscheinen die beiden Winkel nahezu identisch und bestätigen somit die Qualität der Normierungsanforderungen.

4.2.3. Erfassung der Flugkurve mit Vianna

Das ursprünglich für den Physikschulunterricht entwickelte Freewareprogram Vianna (Automatische VIdeoANAlyse 3.64)[10] erlaubt eine manuelle Analyse von Flugkurven. Dabei werden die Sequenzen kalibriert und skaliert: eine bekannte Strecke in der Bildebene und der Nullpunkt eines Koordinatensystems werden definiert. Der Abstand zweier Markierungen der ausgemessenen Torgrundlinie beträgt einen Meter. Zudem

---

[10] Programm von Thomas Kersting; http://didaktik.physik.uni-essen.de/viana/; Zugriff am 29.11.2010

wird der Ballruhepunkt als Ursprung der Achsen gewählt. Anschließend kann die Videosoftware die Koordinaten jedes einzelnen Frames bestimmen. Das Video wird in das Programm geladen und die manuelle Analyse Funktion ausgewählt. Dabei wird der Zeiger (Cursor) für jedes Einzelbild über den Aufenthaltsort des Balls bewegt und mit einer Markierung durch Mausklick versehen. Nach dem Durchlauf des Videomaterials wird automatisch ein Diagramm erstellt. Diesmal werden die beiden Sequenzen der Rückansicht einerseits und die der Seitansicht anderseits zusammengeschnitten, so dass sie ohne Pause hintereinander ablaufen, da das Programm Vianna nur die Analyse von einem zusammenhängenden Videoausschnitt für das Erstellen eines Diagrammes unterstützt. Erneut ist dabei nur der Zeitraum zwischen Balltreffpunkt mit dem Fuß und der Torlinienüberquerung zu sehen. Dadurch entstehen zwei Diagramme, die einen Vergleich der beiden Freistöße von hinten und den der Seite erlauben. Die Ballflugkurven und ihre dazu berechneten Diagramme bestätigen die Voraussetzungen und die Messwerte. Einerseits sind bei beiden Freistößen dieselben Abschusswinkel in Höhe und Breite erkennbar (Zielvorrichtung). Die Abstände der einzelnen Punkte im Diagramm der Seitenansicht sind konstant gleich. Daraus berechnet auch die Software die Geschwindigkeit im Mittel von 20 m/s. Allerdings fällt beim platzierten Freistoß ein minimaler Geschwindigkeitsverlust gegen Ende der Flugphase auf. Die beiden Tore wurden im Nachhinein zur Orientierung qualitativ eingezeichnet.

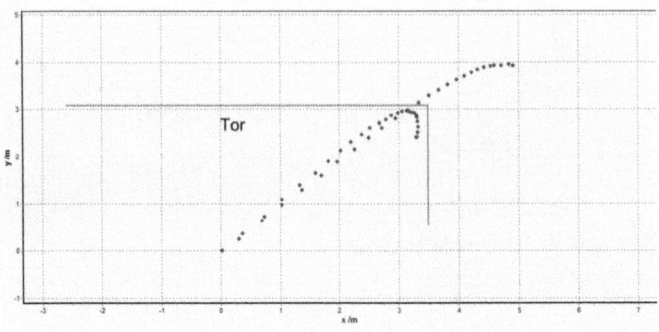

Abb. 12: Diagramm der Rückansicht zum Vergleich der beiden Freistöße

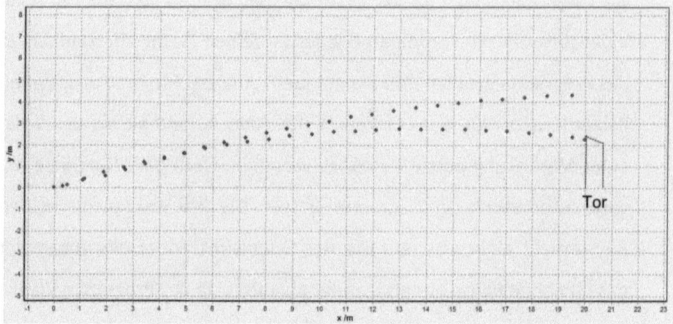

Abb. 13: Diagramm der Seitenansicht zum Vergleich der beiden Freistöße

Erkennbar zeigt sich, dass nur die Rotation die Flugphase so verändern kann, dass der Freistoß das Tor zu treffen vermag. Der Drall erlaubt einen Unterschied in Höhen – und Seitdistanz.

4.3. Zusammenfassung der Werte

	Platzierter Schuss	Gewaltschuss
Entfernung von Tormittelpunkt	3,2 m	5,0 m
Durchschnittsgeschwindigkeit (gerundet)	20 m/s (72 km/h) Tendenz zum Geschwindigkeitsverlust	21 m/s (76km/h)
Ballrotation (seitlich)	9,5 Umdrehungen/s	0-1 Umdrehung /s
Zeit zwischen Balltreffpunkt und Linienüberquerung	0,960 s	0,954 s
Seitlicher Ausbreitungswinkel	41,25° (nicht konstant)	43,59°
Höhenwinkel	21,68°	20,48°

4.4. Auswertung der Ergebnisse

Die Messwerte bestätigen, dass die Vorkehrungen zur Normierung Wirkung zeigen. Die Winkel stimmen durch die Schussnormierung der Ringhalterung überein. Auch die gleiche Fluggeschwindigkeit wird annähernd erreicht. Die Voraussetzung einer gleichen Fluganfangsphase macht verständlich, dass der Unterschied der beiden Freistöße erst durch Phänomene während der mittleren Flugphase zustande kommen kann.

Somit lässt sich die Auswirkung der Rotation auf das Flugverhalten eindeutig bestimmen. Wie bereits bei der Analyse der Rückansicht berechnet, erlaubt die Bahnkrümmung des platzierten Freistoßes eine Annäherung an den Tormittelpunkt von 1,8 Meter (Differenz der Distanzen vom Tormittelpunkt), obwohl die Ballflugbahn zu Beginn mit der des unplatzierten Freistoßes übereinstimmt (vgl. Abb. 12). Der seitliche Ablenkwinkel ist direkt nach der Impulsübertragung auf den Ball bei beiden Freistößen gleich. Jedoch überqueren beide die Grundlinie in einem unterschiedlichen Winkel. Diese Differenz entsteht durch die Rotation und einer somit verursachten Veränderung der Überquerungsachse des Balls zur Waagerechten. Die Wirkung des Effekts wird in der Rotation deutlich. Zwar spielt der Höhenunterschied bei der seitlichen Winkelbetrachtung auch eine Rolle, doch wird dieser auch erst durch die Rotation gewährleistet. Somit gilt: Die Rotation, von 9,5 Umdrehungen/s verursacht, lässt den Ball um die Mauer ins Tor „drehen". Diese Krümmung wird in Abb. 12 deutlich. Weiterhin ist ein Unterschied bezüglich der Höhe des Freistoßes (zum Zeitpunkt der Grundlinienüberquerung) festzustellen. Besonderer Bedeutung wird dabei dem Geschwindigkeitsverlust des rotierenden Freistoßes, ebenso wie dem leichten Rückwärtsdrall des Gewaltschusses verliehen, der diesen an Höhe gewinnen lässt. Die Kräfte, die auf den Ball einwirken, scheinen laut dieser Analyse von Rotation, Drehsinn und der Geschwindigkeit abzuhängen. Eine gegenseitige Beeinflussung ist hier zu erwähnen. Der Vergleich mit anderen Testfreistößen zeigt: je größer die Rotationszahl, desto größer die Ablenkung. Diese Faktoren scheinen für professionelle Schützen so beeinflussbar, dass sie den Freistoß genau nach ihren Vorstellungen schießen können. Weiterhin zeigt dies, dass dem Torwart nur geringe Zeit bleibt, um Abweichungen einzuschätzen und somit oft Fehlkalkulationen eintreten. Hinzu kommt, dass der Torwart bei der vorliegenden Konstellation von Mauer und Abschusspunktes des Balls in der linken Ecke (aus Sicht des Schützen) des Tores stehen muss, da der Schatten der Mauer das restliche Tor abdeckt. Alleine die Abweichung der Rotation visuell zu erahnen, erweist sich als äußert komplizierter Vorgang. Diesen Effekt belegt auch eine Studie an der Queens Universität in Belfast. „Dabei wurde der Magnus Effekt, welcher dem Ball den Effet verleiht, untersucht und die Wahrnehmung des Menschen auf die gekrümmte Flugbahn geprüft. Die Forscher um Cathy Craig fanden dabei heraus, dass die menschliche Wahrnehmung nicht dafür ausgelegt sei Bewegungen eines schnell rotierenden Balls richtig einzuschätzen."[11] Die geringe Reaktionszeit des Torwarts unterstützt die brisante Gefährdung durch rotierende Freistöße. Vielmehr sollte der Torwart einen weiteren Abwehrspieler der Mauer zuweisen, um einen größeren Bereich abdecken zu können.

Dass die analytisch bestimmten Messwerte des praktischen Teils realitätsnah sind, zeigt sich an Messungen von Wissenschaftlern bei professionellen Freistoßschützen: „Wer den Dreh raushat, schießt beim Freistoß mit einer Geschwindigkeit von 100 Stundenkilometern und bis zu zehn Umdrehungen pro Sekunde, schätzt Wessons Kollege Ken Bray. Mit reinem Sidespin ließen sich so schon aus einer Schussentfernung von 23 Meter „seitliche Abweichungen von bis zu 3,2 Metern erreichen." Das ist fast die halbe Breite des Tores."[13] Auch der Höhenwinkel ist zu Beachten: die 20° Abweichung zum Boden sind beinahe idealtypisch. Wissenschaftliche Untersuchungen ergaben, dass „Der Ball [...] in einem Winkel von 17° vom Boden abheben"[12] sollte, um die optimalen Flugbedingungen zu erreichen.

Die Ergebnisse des praktischen Teils werden mit der physikalischen Fachtheorie verglichen und bestätigt. So lassen sich weitere Ausblicke und Feststellungen finden.

---

[11] Marcel Kieschnick; Entwicklung und Überprüfung eines Trainingsprogramms zur Verbesserung des taktischen Handelns bei offensive Standardsituationen im Fußball – Diplomarbeit; Seite 91; GRIN Verlag 2008 Norderstedt
[12] Jearl Walker; Der fliegende Zirkus der Physik (aus dem Englischen); Kapitel 2: Aerodynamik und Hydrodynamik; Seite 92; Oldenburg Verlag; 2008 München

5. Physikalische Theorie

5.1. Kräfte auf einen rotierenden Ball im Flug[13]

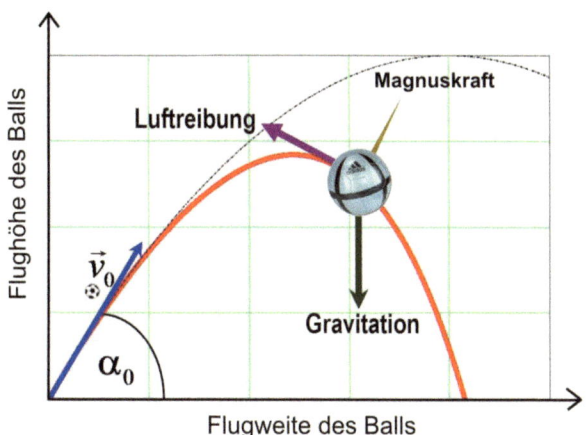

Die Grafik zeigt schematisch die Kräfte, die auf einen rotierenden Ball in der Luft wirken. Der Ball wird unter dem Winkel α_0 und der Geschwindigkeit v geschossen. Die Gravitationskraft (Erdanziehungskraft) wirkt immer senkrecht nach unten. Zusätzlich wirkt die Luftreibung tangential entlang der Bewegungsrichtung. Genauer betrachtet ist der Luftwiderstand eine Reibungskraft, die mit zunehmender Geschwindigkeit ansteigt. Sie verkürzt die eigentliche Ballflugbahn (gestrichelte Linie) und gibt ihr ein asymmetrisches Aussehen. Somit sinkt der Ball, nachdem er seinen höchsten Punkt erreicht hat, schneller als er ansteigt und bildet eine ballistische Kurve. Ist der Ball

---

[13] Vgl. Metin Tolan; So werden wir Weltmeister – Die Physik des Fußballspiels; Seite 206 ff. und 220 ff. Piper Verlag GmbH München 2010

[14] Metin Tolan; Die Flugbahn eines Fußballes mit Luftwiderstand;
http://www.weltderphysik.de/de/6378.php?i=6420; Zugriff am 14.12.2010 (Grafik leicht verändert)

zusätzlich in Rotation versetzt worden, wirkt eine seitliche Kraft auf den Ball: die Magnus-Kraft. Sie ist für die Ablenkung senkrecht aus der Ebene verantwortlich und bildet die Ursache für platzierte Freistöße.

5.2. Ablenkung durch die Magnus-Kraft[15]

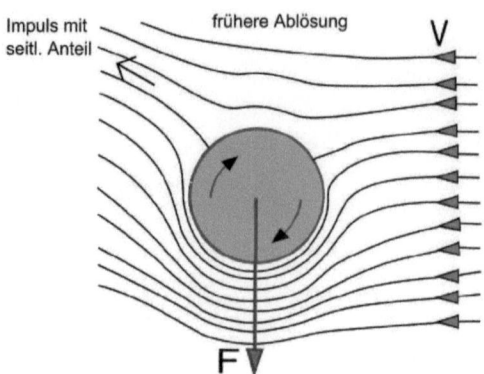

Abb. 15: Schematisch vereinfachte Darstellung der Magnus-Kraft F und der Luftströmung v (Draufsicht)[16]

Der Magnus-Effekt beschreibt die Wirkung einer Querkraft, die ein rotierender runder Körper in einer Strömung erfährt und ist nach dem deutschen Physiker Gustav Magnus benannt, der dieses Phänomen im 19. Jahrhundert entdeckte. Im vorliegenden Fall rotiert der Fußball um seine senkrechte Achse und wird von der Kraft F seitlich abgelenkt. Dieser physikalische Effekt ist der Grund für die Krümmung des Freistoßes um die gegnerische Abwehrmauer und ist in dieser Arbeit von zentraler Bedeutung.

Fliegt ein rotationsloser Ball durch die Luft, umströmt ihn diese, bildet Verwirbelungen und wirkt dabei als Widerstand, der den Ball verlangsamt. Dabei löst sich die Luft an gleicher Stelle von der Balloberfläche wieder ab. Durch den Drall beispielsweise nach rechts entsteht jedoch eine Asymmetrie (Abb. 15). Hier löst sich die Luft oben schneller ab, als am unteren Teil des Balls, da dort die Luft weiter um den Ball geführt wird. Die

[15] John Wesson; Fußball – Eine Wissenschaft mit Kick (aus dem Englischen übersetzt); Bananflanken; Seite 75 ff.; Elsevier Spektrum Akademischer Verlag; 2006 München

[16] Roland Netz; http://einrichtungen.ph.tum.de/T37/WS0607/kont_mech/magnus.pdf;   Magnus–Effekt – Entdecker Heinrich Gustav Magnus (1802-1870); Zugriff am 14.12.2010

Wirbelbereich wird dadurch gegen die Horizontale geneigt. Somit führt der erläuterte Strömungsverlauft zu einer komplexen Druckverteilung am und um den Ball. Durch das spätere Ablösen der Luft an der Unterseite des Flugobjekts, wird die Luft seitlich abgelenkt. Die Ablenkung muss auf das Flugobjekt eine Kraft in entgegengesetzte Richtung ausüben. Deutlicher wird dieser Sachverhalt durch die Tatsache, dass die horizontal geneigten Wirbel eine Impulsänderung mit seitlichem und vertikalem Anteil haben (im Gegensatz zu den ankommenden Luftmassen). Der vertikale Anteil der Impulsänderung bewirkt wie beim rotationslosen Flugverhalten das Abbremsen des Balls als Luftwiderstand. Zusätzlich bewirkt die Impulsänderung in senkrechte Richtung eine Kraftentwicklung nach oben. Nach dem 3. Newton'schen Axiom („actio = reactio") entsteht eine Gegenkraft – die Magnus-Kraft – in die entgegengesetzte Richtung, die den Ball somit senkreckt aus seiner Bahn ablenkt und auf einen bestimmten Kurvenverlauf zwingt, die sogenannte Bananenflanke.

5.3. Einflussgrößen auf der Zusammenhang zur Ablenkung

Die Größe der ablenkenden Kraft ist abhängig von der Rotationsfrequenz (und somit der Winkelgeschwindigkeit) und von der Fluggeschwindigkeit des Rotationskörpers. Nach einem alten Modell von S.I. Rubinow und Joseph B. Keller ergibt sich die Formel für die Magnus-Kraft F_{Magnus}[17]:

$$F_{Magnus} = \gamma \times f \times v$$

Das Produkt aus der Rotationsfrequenz f, der Geschwindigkeit v des Balls und dem konstanten Wert γ ergibt die Magnus-Kraft, die immer senkrecht zu der Richtung wirkt. Sie ist durch die Geschwindigkeit vorgegeben und wirkt senkreckt zu der Rotationsachse. Der Wert γ besteht aus dem Produkt von Balldurchmesser, Luftdichte und der Kreiszahl π. Sie wird als konstant angenommen (γ = 0,3 kg). Anzumerken ist dabei, dass es sich um ein Modell handelt, da die Berechnung der Kraft aufgrund der komplexen Turbulenzen und Wirbelbildungen der Luft exakt (vor allem in diesem

---

[17] Metin Tolan; So werden wir Weltmeister – Die Physik des Fußballspiels ; S. 225; Piper Verlag GmbH; München 2010

Rahmen) nicht bestimmt werden kann. Dennoch bestätigt dieses Ergebnis das Resultat der Videoanalyse. Wird die Frequenz f bei gleicher Geschwindigkeit v (und gleichem Faktor y) erhöht, steigt auch die ablenkende Kraft direkt proportional an. Das bedeutet beispielhaft, dass der Gewaltschuss des praktischen Teils aufgrund mangelndem Eigenspinn (f = 0) auch keine Ablenkung erfährt und somit am Tor vorbeifliegt, da er sich nicht um die blockierende Mauer drehen kann. Weiterhin zeigt sich, dass eine schnellere Drehung des Balls pro Zeiteinheit erhöhte Ablenkung erzeugt und somit einen größeren Bogen beschreibt. Dies gilt jedoch nur, wenn beide Freistöße die gleiche Geschwindigkeit haben.

Ein weiteres Phänomen wird durch den Luftwiderstand bewirkt, der den Ball in seiner Flugphase bremst. Dieser Reibungswiderstand „geht hauptsächlich auf den Unterschied zwischen dem hohen Luftdruck vor dem Ball und dem niedrigen Luftdruck dahinter zurück"[18]. Bei geringeren Geschwindigkeiten des Flugobjekts verändert sich der Umfang der Wirbelregionen. Exakter gesagt, nimmt die Größe der Wirbelregion erst zu und dann ab, was simultan den Luftwiderstand und somit die Geschwindigkeit verändert. So wird der Ball zunächst schneller, daraufhin wieder langsamer abgebremst. Dieser aerodynamische Sachverhalt kann durch spontanes Absinken des Balls die Flugkurve zusätzlich verkürzen und somit den Torwart Irre leiten. Weiterhin kann das die geringere Höhe des platzierten Freistoßes im Gegensatz zum Gewaltschuss erklären (vgl. Abb. 13).

Zusätzlich ist zu erwähnen, dass die Magnus-Kraft auch in andere Richtungen wirken kann. Dies ist nach der physikalischen Erklärung immer von Drehrichtung des Flugobjekts abhängig. So kann beispielsweise ein Backspin die Flugkurve verlängern (vgl. Gewaltschuss des praktischen Teils mit minimalem Backspin). Gegensätzlich tritt bei einem Volleyschuss oder auch bei Freistößen (vgl. platzierten Freistoß) ein Topspin auf, der die Ballflugbahn verkürzt.

---

[18] Jearl Walker; Der fliegende Zirkus der Physik (aus dem Englischen); Kapitel 2: Aerodynamik und Hydrodynamik; Seite 92; Oldenburg Verlag; 2008 München

6. Berechnung der Abweichung durch die Magnus-Kraft

6.1. Bestätigung der Messergebnisse

Im praktischen Teil wurde die Abweichung D, die durch die Magnus-Kraft verursacht wurde, durch eine digitale Analyse der Sequenzen bestimmt. Die Auswertung ergab: D_{Mesung} = 1,8 m. Physikalische Gesetze erlauben eine Berechnung dieser Abweichung aus den Messwerten. Allerdings muss aufgrund des sehr komplexen Zusammenhangs von Kräften beim Luftwiderstand auf Vereinfachungen zurückgegriffen werden. Die folgende Skizze verdeutlicht den geometrischen Sachverhalt: [19]

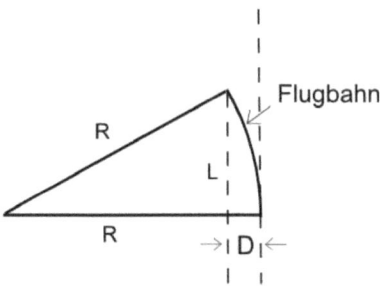

Abb. 16: Skizze zur Berechnung der Abweichung

Auf den fliegenden Körper wirkt die Magnus-Kraft zu jedem Zeitpunkt. Daher kann die Flugbahn als Kreisbahn mit dem Radius R gesehen werden. Die Entfernung L wird näherungsweise als der Abstand von Abschusspunkt und Tormittelpunkt angenommen. Die Abweichung D lässt sich dabei berechnen. Aus der Abbildung kann man erkennen, dass D viel kleiner sein muss als R. Daher gilt aus geometrischen Überlegungen nach Pythagoras die Formel:

---

[19] John Wesson; Wissenschaft mit Kick; Seite 194; Elsevier Spektrum Akademischer Verlag; München 2006

$$(\text{I}) \quad D = \frac{L^2}{2R} \quad {}^{20}$$

Aus der allgemeinen Formel der Magnus-Kraft F_{Magnus} und dem Gleichsetzen als Zentrifugalkraft der Kreisbahn, ergibt sich für den Bahnradius ein Zusammenhang, der in die obige Gleichung eingesetzt wird:

$$(\text{II}) \quad R = 26\frac{v_{rel}}{c_s f} \quad {}^{21}$$

Eingesetzt in (I) ergibt sich mit den Messwerten der Videoanalyse folgender Zusammenhang:

L = 20 m $\qquad$ v_{rel} = 20 $^m/_s$

f = 9,5 $^1/s$ $\qquad$ c_s = 0,5 (wird angenähert)[22]

$$D = \frac{c_s L^2 f}{52 v_{reL}} = \frac{0,5 \times (20m)^2 \times 9,5\frac{1}{s}}{52 \times 20\frac{m}{s}} = 1,82m$$

Die Konstante c_s spiegelt den einberechneten Luftwiderstand wieder. Für Fußbälle sind solche Konstanten nicht bekannt, jedoch liegt der Wert für vergleichbare Kugeln zwischen 0,25 und 1. Durch Abschätzen wird der Näherungswert 0,5 bestimmt.[22] Der mathematische Sachverhalt der Ablenkungsberechnung scheint mit den analytischen Messungen übereinzustimmen (Ergebnis der Messung beträgt 1,8 Meter). Die

---

[20] John Wesson; Fußball – Eine Wissenschaft mit Kick (aus dem Englischen übersetzt); Seite 194; Elsevier Spektrum Akademischer Verlag; München 2006
[21] John Wesson; Fußball – Eine Wissenschaft mit Kick (aus dem Englischen übersetzt); Seite 195; Elsevier Spektrum Akademischer Verlag München; 2006
[22] Vgl. John Wesson; Fußball – Eine Wissenschaft mit Kick (aus dem Englischen übersetzt); Seite 204; Elsevier Spektrum Akademischer Verlag München; 2006

physikalische Formel wird somit bestätigt. Durch diesen Wahrheitsgehalt lassen sich für die Sportwissenschaft weitere Zusammenhänge ableiten.

6.2. Bedeutung der Formel für die Ablenkung

Neben der Bestätigung des Testergebnisses werden weitere Schlüsse gezogen: Die Ablenkung zur Seite durch die Magnus-Kraft ist auch von der Tordistanz des Freistoßes (aus der Formel: Tordistanz L) abhängig und beeinflusst in der zweiten Potenz das Ergebnis. Das bedeutet, dass der Abdrift zunimmt, wenn der seitlich wirkende Effet längere Zeit (= größere Tordistanz) auf den Ball einwirken kann. So erfahren Schüsse aus großer Entfernung, ähnlich dem Freistoß von Roberto Carlos aus dem Einführungsbeispiel, enorme Ablenkung. Dieser erfasste den Ball aus 32 Metern vom Tor, „drosch den Ball auf mehr als 100 Kilometer pro Stunde und gab ihm einen kräftigen Drall: Zehnmal pro Sekunde rotierte die Kugel um sich selbst!"[23] Allein schon das Einsetzen in die Formel ergäbe eine Ablenkung von über 3,5 Meter, wobei bei diesem speziellen Freistoß weitere physikalische Sachverhalt zum Tragen kommen. So kann das Ducken des Balljungen neben dem Tor und die Überraschung des französischen Torwarts erklärt werden.

7. Schlussfolgerung

Zusammenfassend ergeben die physikalischen Betrachtungen bedeutende Ergebnisse. Zuerst soll eine konstante Torentfernung angenommen werden. Die ablenkende Kraft, die Magnus-Kraft, nimmt bei steigender Rotationsfrequenz und Ballfluggeschwindigkeit zu. Diese Zunahme gilt jedoch nicht automatisch für die Ablenkdistanz. Fliegt der Ball schneller durch die Luft, hat die ablenkende Kraft weniger Zeit auf den Ball einzuwirken. Daher wird bei gleicher Rotation zweier Freistöße mit unterschiedlicher Geschwindigkeit der langsamere weiter abgelenkt, als der schnellere Schuss. Im Gegensatz dazu wirkt sich die unterschiedliche Rotation bei den zwei selben Standardsituationen (diesmal mit gleicher Geschwindigkeit) so aus,

---

[23] Tobias Hürter; Der Ball ist nicht rund!; veröffentlich in P.M. Welt des Wissens Juni 2010; Seite 40; herausgegeben von Hans-Hermann Sprado; Gruner + Jahr AG&CO KG Verlag; München

dass der schneller rotierende mehr abdriftet. Dieser Fall wird im vorliegenden praktischen Teil betrachtet. Bleiben nun die Parameter der Geschwindigkeit und Rotation konstant, wird nun bei der Änderung der Torentfernung eine differenzierte seitliche Ablenkung hervorgerufen. Je weiter der Ball entfernt ist, desto größer ist die Distanz D der Abweichung. Verständlich wird das durch den oben verdeutlichten physikalischen Zusammenhang der Formel. Distanzschüsse können also viel weiter vom Tor weg geschossen werden, da sie sich aufgrund ihrer Rotation und der Entfernung wieder zum Tor hin drehen. Allerdings gelten solche Schüsse als berechenbarer, da der verteidigende Torwart diese schon lange Zeit auf sich zukommen sieht. Roberto Carlos Meisterschuss wäre hierbei als eine bedeutende Ausnahme oder Gegenbeispiel zu nennen, der nur durch das optimale Zusammenspiel aller Faktoren und mit erheblichem Glück zustande kommen konnte.

Für Standartsituation aus der Nahdistanz, die der Analyse zugrunde liegen, ergeben sich somit ebenfalls Folgerungen. Der erfahrene Schütze sollte, um den Ball um die Mauer ins Tor spielen zu können, ein optimale Abstimmung der beiden Parameter Rotation und Ballgeschwindigkeit treffen. Schießt er den Ball sehr hart, kann die Ablenkung weniger ansetzen und der Versuch verfehlt das Tor. Zu langsam getretene Schüsse hingegen, können vom Torwart aufgrund der längeren Flugzeit leichter berechnet werden. Fällt dem Schützen jedoch auf, dass die Abwehrmauer beispielsweise falsch oder unterbesetzt gestellt wurde, kann bei gleicher Rotation die Geschwindigkeit gesteigert werden, da der Bogen der Flugbahn verringert werden kann.

8. Schlussgedanke

Die vorliegende digitale Videoanalyse ist ein Beispiel für Mittel der Wissenschaften, um Vermutungen und theoretische Überlegungen zu bestätigen. Diese entweder bewiesenen oder dementierten Thesen können, so auch in diesem Fall, auf die Sportwissenschaft übertragen werden. Vor allem für professionelle Mannschaften, die sich Finanzierung und Zeitaufwand leisten können, sind die Ergebnisse zur technischen Verbesserung hilfreich. Auch den betreffenden Probanden wird so eine Möglichkeit geboten, ihre eigene Leistungsfähigkeit zu untersuchen und Entwicklungen der Ist-Werte zu gewährleisten. Auch der Einblick in die Fachtheorie verbessert das Verständnis für das Verhalten des Balls und kann eine Optimierung bezwecken. Dies alles wird erst durch den enormen technische Fortschritte der digitalen Technik der letzten Jahre erlaubt, der selbst Unerfahrenen mit einem Minimum an Aufwand wissenschaftlich arbeiten lässt.

Seit dem Jahr 2006, als die FIFA Fußball Weltmeisterschaft in Deutschland ausgetragen wurde, erlebt der Fußballsport einen wahrhaftigen zusätzlichen Imagegewinn. Nicht nur die Tatsache, dass Menschen jeder Altersklasse Namen, wie Lionel Messi oder Thomas Müller, kennen und die Abseitsregel erklären können. Sondern auch das rege Interesse der Physik am Fußball verdeutlicht diesen „Boom". Nie gab es wohl solch eine Zahl physikalischer, theoretischer oder selbst philosophischer Publikationen zum Fußballsport, die diesen vergeistigen und erklären wollen. Doch wie selbst Metin Tolan, einer der führenden deutschen Wissenschaftler für experimentelle Physik in einem Interview treffend sagt: „Wenn Physiker Fußball spielen dürften, wären es garantiert die schlechteren Fußballer, denn das Spiel würde viel zu kopflastig werden. Sie können nicht durch Physik mangelndes Talent und Training ausgleichen."[24]

9. Anhang

---

[24] Interview Katrin Schlusen; veröffentlicht beim WDR am 14.03.2010;
http://www.wdr.de/themen/kultur/literatur/litcologne/2010/100314_interview.jhtml; Zugriff am 17.12.2010

9.1. Literaturverzeichnis

Zeitschriften:

G. Bilanz; Mit Standardsituationen zum Erfolg: der Freistoß; veröffentlicht in: Fußball Training; Jahrgang 1997; Ausgabe 9; Seite 14

H.-H. Sprado; Der Ball ist nicht rund!; veröffentlicht in: P.M. Welt des Wissens; Jahrgang 2010; Ausgabe 06 (Juni); Seite 40

Bücher:

Bayerischer Fußball-Verband e. V.; Regel 1 – Das Spielfeld veröffentlicht in Fußballregeln in der Praxis - Ein Handbuch für Schiedsrichter und Funktionäre Teil 1; 16. Auflage Juli 2001

G. Bauer; Technik und Techniktraining; veröffentlich in Lehrbuch Fußball – Erfolgreiches Training von Technik, Taktik und Kondition; BLV Verlagsgesellschaft mbH; 6. Auflage 2001

G. Frank; Technische Voraussetzungen; in Fußball Standardsituationen in Training & Spiel; Meyer & Meyer Verlag; 2001 Aachen

M. Kieschnick; Entwicklung und Überprüfung eines Trainingsprogramms zur Verbesserung des taktischen Handelns bei offensive Standardsituationen im Fußball – Diplomarbeit; GRIN Verlag 2008 Norderstedt

R.Loy; Taktik und Analyse im Fußball - Band 1; Czwalina Verlag; Sportwissenschaft und Sportpraxis 14 Band 144; 2006 Hamburg

M. Tolan; So Werden wir Weltmeister; Piper Verlag GmbH 3. Auflage Juli 2010 München

J. Walker; Der fliegende Zirkus der Physik (aus dem Englischen); Kapitel 2: Aerodynamik und Hydrodynamik; Oldenburg Wissenschaftlicher Verlag; 9. Auflage; 2008 München

J. Wesson; Fußball – eine Wissenschaft mit Klick; aus dem Englischen übersetzt von Michael Zillgitt und Carsten Heinisch; Originaltitel: The Science of Soccer; Spektrum Akademischer Verlag; 1. Auflage; 2006 München

Internetquellen

I. Berres; Forscher lüften Geheimnis des Wundertors (Fußball); veröffentlicht am
06.09.2010 bei Spiegel Online;
http://www.spiegel.de/wissenschaft/mensch/0,1518,715238,00.html;
Zugriff am 04.11.2010

R. Netz; http://einrichtungen.ph.tum.de/T37/WS0607/kont_mech/magnus.pdf;
Magnus–Effekt – Entdecker Heinrich Gustav Magnus (1802-1870) veröffentlicht bei TU
München; Zugriff am 14.12.2010

T. de Padova; Mit Effet; veröffentlicht am 03.06.2006 in tagesspiegel.de;
http://www.tagesspiegel.de/weltspiegel/gesundheit/mit-effet/717384.html; Zugriff
am 15.12.2010

M. Tolan; Die Flugbahn eines Fußballes mit Luftwiderstand; veröffentlicht am
16.05.2008 bei Welt der Physik; http://www.weltderphysik.de/de/6378.php?i=6420;
Zugriff am 14.12.2010

Videos

UEFA Training Ground; Freistoß-Tipps von Roberto Carlos; Spielzeit 03:50 – 04:19;
http://de.uefa.com/trainingground/stars/starskills/video/videoid=1467276.html?autoplay=tru
e; Zugriff am 28.11.2010

9.2. Fotografien zum praktischen Teil